AF588595

INQUISITION.

AUTO-DA-FÉ

DANS LEQUEL ONT FIGURÉ CINQUANTE-TROIS CONDAMNÉS, DONT CINQ ONT ÉTÉ BRULÉS EN EFFIGIE ET SIX EN RÉALITÉ, AVEC LES MOTIFS DE LEUR CONDAMNATION.

TRADUIT LITTÉRALEMENT DE L'ESPAGNOL.

A PARIS,

CHEZ MERLIN, Libraire, quai des Augustins, n.° 29.

1814.

On trouve chez le même Libraire, *les Réfugiés d'Espagne*, brochure in-8o., en espagnol et en français.

AVANT-PROPOS.

> Si quelqu'un dans la postérité ose jamais dire que, dans le siècle où nous vivons, les peuples d'Europe étoient policés, on vous citera pour prouver qu'ils étoient barbares.
>
> MONTESQUIEU. Chap. de l'*Inquisition*.

L'INQUISITION vient d'être rétablie en Espagne; le décret qui la ressuscite, énumère, dans son préambule, tout le bien qu'elle a fait et qu'elle promet encore. Pour apprécier toute l'étendue de ce grand bienfait, il est nécessaire de recueillir et de publier les actes émanés de ce Tribunal: il m'en tombe un sous la main, il n'est pas suspect, c'est le procès-verbal d'un Auto-da-fé, imprimé à Madrid; il m'a paru curieux et piquant dans les circonstances, et je le traduis avec la simplicité et le ton familier de l'original : c'est une véritable pièce judiciaire. Je supprime toute réflexion; chaque lecteur, Espagnol ou Français, fera les siennes, d'après ses idées, sa croyance, ou ses préjugés. Je déclare que rien ne m'appartient dans cet écrit, le procès-verbal et l'extrait des dépositions et des jugemens, sont en entier une production du royaume de S. M. Très-Catholique.

L'original porte ce titre :

Auto-de fé, celebrado en la ciudad de Logrono. Madrid, en la Imprenta real. Segunda edicion.

INQUISITION.

PROCÈS-VERBAL DE L'AUTO-DA-FÉ QUI A EU LIEU A LOGRONO, EN ESPAGNE, DANS LE DIX-SEPTIÈME SIÈCLE.

L'AUTO-DA-FÉ dont vous allez lire la relation est un des plus beaux qui aient eu lieu en Espagne; aussi y vit-on accourir une multitude de fidèles, de toutes les parties du royaume.

Il commença par une brillante procession dont voici la marche.

La magnifique bannière du Saint-Office, avec cette inscription, en riche broderie: *Justitia et misericordia.*

Les familiers, commissaires et protonotaires de l'inquisition, au nombre de mille environ, en habit de cérémonie, et décorés de la chaîne et de la croix d'or.

Les religieux et les moines de tous les ordres, tant de la ville que des contrées environnantes; Dominicains, Franciscains, Jésuites, Pères de la Merci et de la Sainte-Trinité: le nombre en étoit prodigieux.

Un corps de musiciens dont les uns chantoient et les autres jouoient de différens instrumens.

La sainte croix verte ou le véritable étendard de l'inquisition ; le révérend père gardien des capucins, en sa qualité de *qualificateur*, la portoit sur ses épaules.

Le grand Alguasil, sa longue baguette en main, escorté par deux dignitaires de l'église de Logrono et par un groupe de familiers, terminoit cette marche pompeuse qui se dirigea vers le grand échafaud où la sainte croix fut placée.

Cet échafaud ou théâtre présentoit un quarré de quatre-vingt-quatre pieds ; il avoit été élevé, la veille de la cérémonie, et les familiers y avoient monté la garde pendant la nuit ; il étoit orné, en tout sens, par des lanternes qui répandoient une lumière égale à celle du jour.

Le dimanche, au lever du soleil, on tira des bâtimens de la sainte inquisition, cinquante-trois personnes des deux sexes, qui furent conduites à l'Auto-da-fé dans l'ordre suivant :

Vingt un *pénitens* ou *repentans* (1) avec leurs marques distinctives ; ils étoient tous

(1) Voyez la note à la fin de l'ouvrage.

sans ceinture et nu-tête; ils tenoient une torche à la main. Six d'entre eux avoient de plus, au tour du col, les cordes qui devoient servir à les fouetter.

Vingt-un *réconciliés* sans ceinture, tête nue et la torche comme les *pénitens*, mais ils étoient distingués par le haut bonnet ou *carrocha*, parsemé de petites croix peintes en rouge.

Six *rélaps* revêtus du *san benito* (1) propre à cette classe.

Cinq *effigies;* celles des accusés morts en prison depuis leur arrestation.

Les effigies avoient le san benito de *relaps;* et elles étoient portées par cinq hommes qui tenoient aussi de petits coffres de bois où étoient renfermés quelques os de chacun des relaps décédés.

Les coupables marchoient à la file l'un de l'autre, mais placés entre deux alguasils.

Leur contenance, la variété des couleurs et des costumes, formoient un spectacle admirable.

Après eux, venoient les quatre secrétaires,

(1) Les habits de peau que Dieu fit à Adam et à Eve furent le modèle du san benito. *Louis de Pasamo, Origine du saint Office; édit. de Madrid*, 1589.

montés sur de superbes chevaux, et l'on remarquoit, au milieu du groupe, une mule richement enharnachée qui portoit une cassette resplendissante d'or et de pierreries; elle renfermoit les sentences de condamnation.

L'étendard de la foi, porté par le docteur Isidore de Saint-Vincent.

Enfin, les seigneurs inquisiteurs par rang d'âge, sur deux files et au milieu de deux haies, l'une à droite, formée par tous les ecclésiastiques qui assistoient à la fête, et l'autre à gauche, par les gens de justice et les troupes.

Les inquisiteurs étoient :

Le docteur Alonzo Bearra,

Le docteur Holguin,

Le licencié Jean del Valle Alvarado.

Le licencié Alonzo Salazar y Frias,

qui se faisoient remarquer par leur marche lente et leur contenance pleine de gravité.

A mesure que les coupables arrivoient à l'échafaud surmonté de la sainte croix, ils étoient placés : savoir, sur le gradin le plus élevé à droite et à gauche de la croix, les *relaps;* sur le second, les *réconciliés;* sur le troisième, les *pénitenciés;* sur le quatrième, les *repentans* au pied de la croix même.

Cet amphithéâtre offroit aussi des places

particulières pour l'état ecclésiastique, le corps municipal et les gentilshommes, la droite toujours réservée aux ecclésiastiques. Ils étoient sur des siéges; un de ces siéges dominoit les autres, c'étoit celui du fiscal tenant l'étendard.

Onze marches ou banquettes étoient occupées par les consultateurs, les qualificateurs, les familiers, les religieux et ecclésiastiques assistans sans fonctions, et les gens de distinction attirés par la dévotion, au nombre de mille environ, comme nous l'avons dit.

Au milieu de l'enceinte, étoit une tribune élevée où se plaçoit chaque coupable pour entendre la lecture de son jugement.

Cette lecture étoit faite alternativement par l'un des deux secrétaires qui avoient aussi chacun une tribune particulière, placée de manière à ce qu'il fût bien entendu.

Tout le monde étant placé, il se fit un profond silence, et l'Auto-da-fé ou l'acte de foi commença.

Le prieur des dominicains, qualificateur, fit un sermon; ensuite duquel, les secrétaires commencèrent la lecture des sentences de ceux qui devoient être immédiatement livrés au bras séculier; ils étoient au nombre de onze. Cette lecture dura jusqu'à la nuit, parce que les jugemens étoient très-détaillés et bien motivés : les coupables furent aussitôt conduits au bûcher et BRULÉS.

Parmi ces onze coupables, il faut compter les cinq effigies : ainsi on ne jetta dans les flammes que les cassettes qui renfermoient leurs ossemens; les six autres subirent leur peine en personne; ils étoient convaincus de sortilège et de magie, et ils n'avoient pas voulu avouer leur crime.

Nous devons cependant observer que Marie de *Zozaya*, une des condamnées, sur le point d'être jetée, confessa toutes les horreurs dont elle avoit été accusée; mais on n'eut point égard à cet aveu, d'abord, parce qu'il étoit tardif; ensuite, parce qu'elle n'avoit pas été simplement *sorcière*, mais présidente du sabbat, et qu'elle avoit initié dans la sorcellerie jusqu'à des enfans.

Ainsi se termina cette première et glorieuse journée.

Le lundi advenu; dès l'aurore, les inquisiteurs se placèrent sous leur dais; tous les autres officiers et assistans prirent leur rang et leur place, comme le jour d'auparavant. Cette seconde séance commença encore par un sermon, qui fut prononcé par un autre qualificateur, le provincial des capucins; et il fut suivi de la lecture des sentences.

La première, fut celle de deux fripons

qui s'étoient dits, mal à propos, agens du saint Office, et qui s'étoient rendus coupables de plusieurs méfaits, à la faveur de cet abominable mensonge. Ils furent tous les deux condamnés au bannissement de tous les pays soumis à la juridiction du saint Office. L'un d'eux reçut en outre deux cents coups de fouet, fut envoyé aux galères ou *présides* pour cinq ans et sans salaire, et il dut restituer, sur ses biens, les sommes considérables qu'il avoit escroquées par son stratagême.

Six blasphémateurs furent diversement punis.

Huit hérétiques de même : ils jurèrent de se convertir.

Six Juifs : ils s'étoient nouvellement convertis, mais ils avoient continué à observer le jour du sabbat. On les avoit vus, le samedi, avec du linge blanc ; l'un d'eux avoit chanté un cantique, dont le refrain étoit : *Le Messie est-il venu, ou n'est-il pas venu ? il n'est pas venu, puisqu'il nous est promis.*

Un de ces six Juifs fut admis à *réconciliation,* quoiqu'il eût confessé qu'il judaïsoit depuis vingt-cinq ans ; mais le saint Office eut égard à ses larmes et à son repentir. Il ne fut condamné qu'au *san benito* et à la réclusion dans une des maisons de correction de l'inquisition.

Un Maure apostat ne fut aussi puni que par la prison perpétuelle et le *san benito.*

Dix-huit hommes ou femmes furent *réconciliés*; ils avoient été sorciers toute leur vie; mais ayant avoué, ils jurèrent d'être à l'avenir bons et fidèles chrétiens.

La nuit approchant, les inquisiteurs furent forcés de ne faire lire que les principaux faits contenus dans les jugemens qui restoient; le secrétaire ne s'arrêta qu'aux circonstances les plus marquantes, les plus extraordinaires.

On doit convenir que le saint Office usa, envers les dix-huit coupables, de beaucoup de modération et d'indulgence. Il eut bien plus égard à leur repentir, à leurs aveux, qu'à l'énormité de leurs crimes; il porta même la douceur jusqu'à graduer la durée des peines infligées, selon l'époque de la confession, de manière que ceux qui n'avoient fait que des aveux tardifs, recevoient des châtimens plus durs et plus longs que ceux qui s'étoient empressés de reconnoître leurs fautes.

Un peu avant la nuit close, les *réconciliés* furent conduits au dais des inquisiteurs; s'étant mis à genoux, le docteur Alonzo Bearra, inquisiteur plus ancien, leur lut, à haute et intelligible voix, l'acte qui les recevoit à *réconciliation*, et qui les relevoit de l'excommunication. Cet acte étoit conçu en termes si touchans, et il fut prononcé avec tant d'onction et de gravité, que tous les assistans confondirent leurs larmes avec celles des *réconciliés* : l'attendrissement présentoit l'*extase* de la plus sincère dévotion.

Mais l'admiration et le ravissement furent au comble, lorsque le seigneur inquisiteur, ayant fait approcher *Marie de Yurretiguia*, et lui ôtant, de ses propres mains, et avec solennité, le san benito de sorcière, lui adressa ces paroles : « Vous avez long-temps » résisté aux manœuvres et aux suggestions » de ceux qui vous ont enfin entraînée dans » leur secte abominable; vous avez beaucoup » souffert des effets de leur colère et de leur » vengeance, vous avez été prompte à faire » l'aveu de votre faute, et vous avez fait des » révélations importantes; recevez la récom» pense due à votre repentir, et retournez » dans votre famille, pour être une preuve » vivante de l'indulgence, comme de la jus» tice de notre saint Tribunal ».

Mille bénédictions et des cris de joie s'élevèrent de toute part.

Ainsi finit l'Auto-da-fé.

Le chantre de la collégiale de Logrono, prit la croix, la mit sur ses épaules, et tout le cortège se dirigea vers l'église en chantant le *Te Deum*.

Les *pénitens* furent reconduits dans la maison de l'inquisition, le corps de ville et les troupes se retirèrent en bon ordre, et la foule se dispersa ; il étoit tout-à-fait nuit.

Fait à Logrono, le samedi 6 de novembre 1610 (1).

Ce procès-verbal est suivi de l'extrait des accusations, des dépositions des témoins et des motifs des jugemens prononcés ; il est volumineux. Il suffira, sans doute, d'en traduire quelques passages, et le lecteur s'en contentera lorsqu'il aura lu 1°. ce qui concerne la sorcellerie en général ; 2°. l'histoire véritable qui fit découvrir ce qui est relatif aux sorciers qui ont été brûlés à Logrono ; 3°. quelques-uns des crimes qu'ils avoient commis en suite de leurs pratiques diaboliques.

(1) Il y a eu un autre Auto-da-fé en 1680 ; il est presque tout semblable à celui-ci ; mais n'en ayant que le récit et non le véritable procès-verbal, nous avons traduit celui de Logrono. (*Note du Traducteur*).

§. Ier.

Sorcellerie.

Le lieu principal où s'exerce et s'apprend l'horrible métier de sorcier s'appelle *sabbat*, qui veut dire *pré du bouc*, ainsi appelé, parce que le diable s'y montre sous la figure de cet animal.

Nul ne peut aller au sabbat, s'il n'a l'âge de raison ; s'il n'a pas été instruit par un ancien sorcier, qu'on nomme parrain, qui doit le présenter et affirmer que le néophite a abjuré la religion catholique.

Au jour convenu, le maître s'introduit auprès du lit de son disciple, vers les dix heures du soir; il le réveille, s'il dort, et lui frotte, avec une eau d'un noir verdâtre, les mains, la plante des pieds et d'autres parties du corps; aussitôt, passant par le tuyau de la cheminée, (1) par la fenêtre, ou

(1) « Un jour qu'on lisoit au parlement de Provence » une procédure de sorciers, on entend dans la cheminée » un bruit extraordinaire qui se termine, tout à coup, » par l'apparition d'un grand homme noir qui secoue » la tête. Les juges crurent que c'étoit le diable qui ve- » noit délivrer son disciple, et ils s'enfuirent tous, à » l'exception du conseiller *Thoron*, rapporteur, qui, se » trouvant malheureusement empiétré dans sa robe, ne » put les suivre. Effrayé de ce qu'il voyoit, le corps

même par le trou de la serrure, ils fendent les airs comme un trait, et arrivent dans un instant au lieu du sabbat.

Là, sur un trône élevé, tantôt noir comme l'ébène, tantôt resplendissant comme l'or, siége le prince des ténèbres : on diroit un Maure, il a trois cornes sur la tête, deux tiennent aux oreilles, la troisième est sur le front; de celle-ci jaillit une lumière moins brillante que celle du soleil, mais moins pâle que celle de la lune, et qui éclaire cependant assez l'assemblée, pour que les assistans puissent bien distinguer tous les objets. Il a la barbe et les pieds d'un bouc, les doigts de la main sont inégaux et crochus, et liés entre eux par une membrane. Ses yeux sont étincelans; lorsqu'il parle, c'est le son rauque d'un mulet qui brait; il parle lentement; il traîne ses paroles, on voit qu'il vise à la gravité, à la majesté; mais il n'est qu'horrible.

Il a auprès de lui une sorcière qui porte le nom de *maîtresse*, c'est-elle qui présente les novices; elle dit à ceux-ci : « Soyez les

---

» tremblant, les yeux égarés et faisant beaucoup de signes » de croix, il demanda au diable de s'éloigner. = *Mon-» sieur, je ne suis pas un diable; je suis ramoneur!* » Papon, *Hist. de Provence*, tom. 4, *pag.* 422.

bien-venus, vous serez contents... A genoux! »

Le diable prononce la formule du reniement conçue en ces termes : « Je renie Dieu, » la vierge Marie, tous les Saints et Saintes, » le baptême, la confirmation, le saint crême, » mon père et ma mère, mon parrain et ma » marraine, et enfin la foi des chrétiens. Je » ne reconnois pour maître que le diable, » je lui donne mon corps et mon ame. » Le récipiendaire répète ces paroles abominables, à mesure qu'elles sont prononcées.

Suit l'acte d'adoration : le novice, après s'être prosterné, baise le diable à la bouche, à la poitrine, au-dessus du cœur, au bras gauche et à ce que cache une grande queue.

Le diable imprime, avec son ongle, sur le corps du novice, dans l'endroit qu'il lui plait, un signe qui ne s'efface plus, et il met sur une des paupières, un petit signe ressemblant assez à un crapaud, qu'un fer rougi au feu auroit dessiné; c'est le véritable signe de reconnoissance et de ralliement des sorciers entre eux.

La partie touchée par le diable devient tout-à-fait insensible.

Le sorcier initié est obligé de donner à la diablesse quelques pièces de monnoie, c'est pour l'achat et le salaire de l'esprit familier qu'il doit avoir à son service; il a la figure et la forme d'un crapaud ; il ne doit jamais quitter son maître sans l'ordre exprès du diable.

Ces cérémonies achevées, le diable dit : « Vous êtes sorcier, vous pouvez aller au » milieu des feux qui brillent autour de vous, » ce sont ceux de l'enfer, mais ils ne vous » brûleront pas ; mêlez-vous aux jeux des » autres sorciers dont vous êtes devenu le » compagnon, suivez tous vos goûts, tous » vos penchans, écoutez toutes vos passions. » Faites le plus de mauvaises actions que vous » pourrez, vous ne courrez plus aucun risque, » à moins que vous ne veniez à prononcer » le mot *Jésus*, à toucher de l'eau bénite, » ou à faire le signe de la croix ».

Les danses commencent ; elles ont toujours lieu au son du flageolet et du tambourin : après la danse, les excès de tout genre. On doit avoir fini à minuit, et aussitôt que le coq chante, tout disparoit ; les sorciers s'envolent dans les airs, suivis de leurs familiers.

Jean de Echalar, un des sorciers brûlés, ayant avoué qu'il avoit été au sabbat, et qu'il avoit été marqué au creux de l'estomac, les inquisiteurs le firent visiter, et l'on trouva le signe. Ils y firent planter une aiguille, ce qui se fit sans douleur pour Jean de Echalar, tandis qu'il éprouvoit des douleurs aiguës lorsque l'aiguille étoit enfoncée dans toute autre partie du corps.

Au sabbat qui eut lieu au village de *Zugarramardi*, dans le royaume de Navarre, *Jean de Goyburce* fut convaincu d'avoir joué du galoubet, et *Jean de Santin* du tambourin ; mais ayant avoué et s'étant repentis, ils furent au nombre des *réconciliés*. Jean de Goyburce déclara même que, n'ayant pas fini à minuit précis, et le coq ayant chanté, son familier l'abandonna ; il ne put pas s'envoler et fut obligé de regagner son logis à pied.

Marie Chipia, étoit la taute de *Marie Yurretiguia*, et la gardoit avec elle, sous le prétexte d'avoir soin de son éducation ; elle lui serroit tellement la taille, et lui tirailloit si fort les bras et les jambes, que la nièce s'en plaignit. Il fut reconnu que c'étoit pour la faire passer plus facilement par le trou de la serrure, que la sorcière de tante se permettoit ces expédiens sur la jeune *Marie Yurretiguia*.

Jeanne de Telecha, avoue qu'elle fut horriblement fustigée, la nuit de la Saint-Jean, pour avoir manqué d'aller au sabbat, quoiqu'elle alléguât une excuse bien valable. Son mari avoit été élu roi de la Saint-Jean, et elle avoit été obligée de faire les honneurs du souper. Les témoins déposent avoir entendu les cris que le châtiment infligé par les sorciers avoit arrachés à Jeanne de Telecha.

Graciana de Barrenacha, déclare que les danses les plus usitées au sabbat, sont les *courantes*, le *bolero*, le *fandango;* mais qu'il en est d'autres où tout le monde se mêle et danse à sa manière, et qu'elle a assisté plusieurs fois à tous ces amusemens.

Jean de Echalar, a fait connoître qu'il y a un bourreau au sabbat, et qu'il l'a été; qu'en cette qualité, il fouettoit ceux que le diable lui désignoit. Il se servoit pour cette exécution, d'une poignée de verges, ou de quelque branche d'arbuste épineux qui se trouvoit sur les lieux; il a désigné quelques sorciers qui avoient subi cette correction, et qui devoient en porter les marques, quoiqu'il eût vu, qu'après la fustigation, le diable tiroit d'un pot de terre rouge, une espèce d'onguent qui avoit la vertu de cicatriser la plaie sur-le-champ. Vérification faite sur les dénoncés, on reconnut que le déclarant avoit dit vrai; on trouva même encore, entre la chair et la peau, quelques épines desséchées.

La déclaration de Jean de Echalar est confirmée par la déposition de *Marie Juanto*; elle atteste avoir vu au sabbat, trois enfans qu'y conduisoit une vieille sorcière : la fatigue du voyage et les exercices de ce lieu infernal, les faisoient dépérir à vue d'œil. Les parens alarmés, prirent des informations, épièrent, et, d'après quelques indices, ils interrogèrent les enfans, qui avouèrent qu'ils alloient au sabbat quelquefois trois fois par semaine ; mais ils annoncèrent que leur aveu seroit puni par la fustigation, si les sorciers pouvoient s'emparer d'eux ; qu'ils avoient vu, au sabbat, des exemples de cette nature, et que c'étoit *Jean de Echalar* qui infligeoit la punition, en frappant sans mesure. Il s'agissoit de sauver ces malheureux. Le vicaire de la paroisse fut consulté ; il crut avoir trouvé un moyen infaillible, en prenant chez lui les trois enfans ; il ne les perdoit pas de vue, et, au moment de se mettre au lit, il les aspergeoit d'eau bénite et les exorcisoit. Cette précaution irrita le diable, et excita les sorciers à employer, de leur côté, la ruse pour l'emporter sur le malin vicaire.

Pendant plusieurs nuits, ils vinrent en foule roder autour du presbytère ; ils montèrent sur le toit, brisèrent les tuiles, rioient aux éclats et faisoient un vacarme épouvantable. Le vicaire ne quittoit plus le surplis, le goupillon et le rituel ; mais, tout étant rentré dans l'ordre la cinquième nuit, il s'endormit : les sorciers avoient compté là-dessus; ils entrèrent, enlevèrent les trois petits indiscrets, les portèrent au sabbat où ils furent fustigés à toute outrance. Plusieurs témoins déposent avoir vu, le lendemain, les traces des verges et des épines. Il y a plus; comme Jean de Echalar, bourreau en titre, avoit réclamé le secours de trois sorcières, et que celles-ci avoient tenu les patiens et les avoient même frappés, elles furent reconnues un jour par eux dans la campagne, ils ameutèrent aussitôt les autres enfans du village, et les sorcières, prises en défaut, auroient été assommées si elles n'étoient pas parvenues à s'échapper.

Le vicaire fut à son tour victime de son zèle. Il alloit habituellement à la chasse et y étoit très-heureux : mais, à compter du jour de l'aventure des enfans, son fusil faisoit long feu, ou il manquoit son coup : le gibier même sembloit le fuir. Il soupçonna quelque *diablerie*, il observa, il questionna tant, que la vieille sorcière qui avoit débauché les enfans, fut convaincue d'être l'auteur de l'infortune du vicaire. Traduite au saint Office, elle y a tout avoué.

Martin de Amayar, meûnier, ayant été assailli par une bande de sorciers, sur le chemin de *Zugarramurdi*, les prit pour des voleurs, et pour se défendre faisant brandir son bâton en tout sens, il atteignit Marie Presona. Interrogée, pourquoi étant sorcière, elle n'avoit pas évité le coup, elle a répondu qu'elle avoit, dans ce moment, été abandonnée par son familier; s'étant plainte de cette perfidie, elle en a obtenu justice. Ainsi elle a avoué le fait. D'ailleurs plus de dix sorcières ont attesté avoir visité et assisté Marie Presona pendant la maladie que le coup de bâton lui avoit occasionnée.

§. II

Comment ces faits et beaucoup d'autres sont venus à la connoissance du saint Office.

Une Française étoit venue habiter le village de *Zugarramurdi;* après y avoir fait un assez long séjour, elle desira revoir ses parens, et fit un voyage dans sa patrie. Elle s'y lia d'amitié avec une jeune personne de son âge, qui lui dit un jour : « Je veux te conduire » dans un endroit où l'on s'amuse beaucoup ». Elle y consentit, c'étoit au sabbat; elle fut initiée, fit l'adoration, donna le baiser et prononça le serment. Mais elle s'arrêta au nom de la vierge Marie, ne voulant pas renier sa sainte patrone, le diable compatit à cette foiblesse et l'admit provisoirement, en lui faisant promettre de revenir. L'assemblée ne fut pas contente de cette condescendance ; elle conçut des craintes sur la sincérité de la jeune Française.

Ces craintes étoient fondées. Elle fit des réflexions, et, le saint temps de Pâques approchant, elle alla à confesse ; mais lorsqu'elle voulut dire au prêtre ce qu'elle savoit sur le sabbat, ce qu'elle y avoit vu et fait, la parole expira sur ses lèvres ; elle reçut l'absolution et se présenta à la sainte table ; mais elle ne vit point l'hostie que le prêtre lui présentoit, et, à l'élévation, elle n'aperçut qu'un point noir ; elle répéta l'expérience, et toujours le même prodige eut lieu. Elle en fut tellement frappée, qu'elle tomba malade ; on désespéroit de sa guérison, lorsqu'elle invoqua la sainte Vierge et lui promit de faire une confession générale, aussitôt qu'elle pourroit aller trouver un prêtre qui demeuroit à une lieue de la maison de son père. Dès le lendemain, les forces lui revinrent, et elle s'achemina vers la chapelle de la Vierge. Le prêtre l'écouta, l'encouragea, lui fit espérer son pardon ; mais il ne lui donna pas l'absolution, parce qu'il vouloit en référer à monseigneur l'évêque de Bayonne. Ce prélat fut d'avis que l'absolution devoit être donnée.

La pénitente aperçut alors l'hostie à l'élévation, et huit jours après elle reçut la communion.

Revenue à *Zugarramurdi*, elle fuyoit avec soin la compagnie de quelques femmes qu'elle fréquentoit autrefois avec plaisir. Son mari, *Esteban de Naval-Carro*, lui demanda la raison de cette singularité. Elle lui confia que ces femmes étoient des sorcières. Esteban se crut obligé d'avertir le curé et l'alcade, qui commencèrent par interroger et confronter. Les accusées nièrent; mais le curé leur ayant dit : *Eh bien! confessez-vous*, les sorcières y consentirent; on commença par *Marie de Yurrotoguia*, qui ne fut pas plutôt aux pieds du prêtre, qu'une sueur froide coula sur tout son corps et qu'elle se sentit saisie à la gorge; elle fit connoître par des signes sa triste situation. On l'exorcisa, et lorsque le prêtre prononça les mots : « *Sors*, *malin esprit* », il s'exhala de la bouche de la malheureuse, une odeur fétide. Elle se trouva soulagée et put parler; elle fit un aveu entier et sincère de toutes ses fautes, donna des détails si précis sur le sabbat et sur la conduite des deux autres femmes accusées, que celles-ci se trouvèrent confondues et furent livrées au saint Office. *Grucina de Barrenecha*, une d'elles, a fini par confesser que, comme présidente du sabbat, elle avoit été chargée de persécuter la Française depuis ses révélations, qu'elle avoit pris toutes sortes de formes pour remplir sa mission ; elle se métamorphosoit tantôt en jument, pour ruer contre la perfide, tantôt en chat, pour l'égratigner. La Française avoit été réellement blessée par une jument, et ses bras portoient encore les marques de plusieurs égratignures.

C'est donc par le moyen d'une Française, que la sainte Inquisition a été mise à même d'instruire le procès de la majeure partie de ceux qui ont figuré dans le présent Auto-da-fé, et que le saint Tribunal est venu à bout de porter à la connoissance du public, toutes les horreurs que commettent les sorciers. Il ne nous reste qu'à présenter un précis des pratiques de la secte, et dont le détail est contenu bien au long dans les sentences.

§. III.

Pratiques des Sorciers.

Outre les cérémonies dont nous avons déjà parlé, les jeux et les danses qui ont lieu au sabbat, il s'y passe d'autres choses plus coupables encore.

La veille des grandes fêtes, le diable ordonne une confession générale ; on s'y accuse d'être entré dans les églises, d'avoir entendu la messe, d'avoir dit le *benedicite*.

On y parodie toutes les cérémonies d'une grand'messe ; mais l'autel est couvert d'un drap noir, et le missel est une pierre, etc. A l'élévation on s'écrie par trois fois : *Ayuerragoysi*.

C'est le diable qui prêche dans ces jours de solennité, le fonds de son discours est : « Gardez-vous de reconnoître un autre maître » que moi. Je vous protégerai sur la terre, » vous pourrez y faire tout ce que vous vou- » drez, et je vous adoucirai toutes les peines » de mon enfer, ou plutôt les peines dont on » vous parle, se changeront pour vous en » plaisirs. Allez, faites le plus mal que vous » pourrez aux disciples du Christ ».

Après l'office, on nomme ceux qui doivent faire, dans l'année, l'eau des sorciers et leurs poisons.

L'eau sert au frottement qui fait aller au sabbat.

Les poisons sont employés pour faire périr les troupeaux, les récoltes et même les hommes.

Ces deux ingrédiens se font de la manière suivante :

On divise un territoire en plusieurs districts, sur chacun desquels on envoie trois sorciers qui doivent le visiter et le parcourir de grand matin, et y ramasser tous les reptiles qui s'y trouvent, et principalement les champignons ou vésicules, qu'on appelle vulgairement *vesses de loup*, et qui sont remplies d'une poussière subtile, noire et fétide. On broie et on mêle le tout avec les débris des corps humains, que l'on va enlever dans les tombeaux. Chaque sorcier reçoit, dans un petit pot, une portion de cette préparation.

C'est avec ce poison que les sorciers jètent leurs sorts, font périr les fruits, les moissons, les troupeaux et les hommes. Pour l'administrer avec plus de sûreté et selon les circonstances, ils prennent quelquefois la forme d'un chien, d'un chat, d'un loup, d'un serpent, d'une jeune ou d'une vieille femme.

Michel de Goyburn portoit ordinairement le sac, lorsqu'on faisoit ces hideuses récoltes.

Marie de Gorroa avoit desséché les fleurs des pommiers de son voisin, avoit couvert de pucerons les fèves d'un autre, et enfin, elle avoit opéré sur la châteneraie d'un ennemi, de manière que l'enveloppe qui devoit contenir trois châtaignes n'en avoit qu'une, et encore bien chétive et bien maigre.

Graciana de Barrenecha, devint la favorite du prince du sabbat, elle succédoit à *Marie-*

Jeanne de Odia, qui montra beaucoup de jalousie. Les deux rivales finirent par se détester. Graciana demanda au diable, de la débarrasser de Marie-Jeanne : « Vous serez » satisfaite », répondit le démon ; en effet, elle mourut le troisième jour après qu'on lui eut administré une dose du poison. Cet empoisonnement se fit de la manière suivante : Au sortir du sabbat, Lucifer prit en croupe sa favorite, ils traversèrent les airs, entrèrent dans la chambre de Marie-Jeanne, par le trou de la serrure, et lorsqu'elle dormoit : elle fut *frottée*. On n'avoit jamais connu, avant cette révélation, la cause de la mort subite de Marie-Jeanne.

Tous les coupables qui ont été brûlés avoient été convaincus d'avoir fait périr des enfans en bas âge, soit par le moyen de la poudre diabolique, soit en piquant de petites figures, avec des aiguilles, au cœur, aux épaules et au cerveau. On a eu le détail de plusieurs meurtres de cette nature, par leur date, le nom, l'âge des victimes, et par la déposition de leurs pères et mères.

Estebania de Iriarte, avoit fait périr ainsi une de ses nièces, et *Estebania de Telecha*, avoit fait ses maléfices sur une jeune fille, pour la punir d'avoir jeté de l'ordure sur un tablier neuf qu'elle mettoit pour la première fois.

Un jeune homme qui avoit injurié *Jeanne*, par le mot *catin*, fut guetté par elle; et en ayant l'air de vouloir s'expliquer, elle lui toucha le bras avec ses doigts imprégnés de l'onguent de sorcier. Le pauvre jeune homme mourut quelques jours après.

Marie Presona et sa sœur, ont empoisonné jusqu'à des pepins de poires et de pommes, pour mieux réussir dans leurs criminelles tentatives.

Vous avez vu que le diable et les sorciers, défendent avec soin de prononcer le nom de la sainte Vierge, l'usage de l'eau bénite et la pratique du signe de la croix : ce n'est pas sans raison.

Marie de Iriarte et *Jean de Goyburn* déposent, qu'au sabbat de Zugarramurdi, parut une jeune Française venant du village de *Trapaza*, elle dansa avec tant de graces et de légèreté, elle s'accompagna si bien avec les castagnettes, que la déposante s'écria involontairement : « Jésus, mon Dieu! comme » elle danse! » Aussitôt tout disparut. Elle se trouva seule dans l'obscurité, et fut vigoureusement fustigée à cause de cette exclamation.

Jean, poursuivoit deux hommes qui, dans leur frayeur dirent : « Ah Jésus ! nous sommes perdus ! » Il ne les vit plus.

Un matelot d'*Escagna*, avoit consenti à se faire initier, il faisoit l'adoration, lorsque voyant la vilaine queue du diable et ce qu'il falloit baiser, il fit le signe de la croix en disant : « Ah mon Dieu ! quelle horreur ! Tout s'évanouit, et il erra toute la nuit, se meurtrissant à tous les buissons, à toutes les pierres que les sorciers mettoient sur son chemin.

Des sorciers voulant se venger d'un meûnier, démontèrent son moulin, jettèrent la pierre dans la rivière, brisèrent l'arbre, et ils commençoient à le frapper, lorsque sa femme accourut, elle tenoit en main son rosaire et en toucha son mari : il fut délivré, mais le moulin resta brisé. La justice arriva et dressa procès-verbal.

Tels sont les faits principaux consignés dans les sentences, que la brièveté du temps et l'approche de la nuit n'ont pas permis aux seigneurs secrétaires de lire en entier.

Fait à Logrono, l'an et jour que dessus.

NOTE EXPLICATIVE DES COSTUMES.

Ceux qui paroissent avec leur habit ordinaire, ne doivent payer qu'une amende.

Ceux qui ont un san benito, chargé d'une croix rouge de Saint-André cousue dessus, conservent leur vie, mais leurs biens sont confisqués au profit de l'Inquisition.

Ceux qui portent sur leur san benito quantité de flammes rouges renversées, sans aucunes croix, sont les *relaps*, c'est-à-dire, qu'ils ont déjà eu leur grace, et qu'ils seront brulés en cas de rechute.

Ceux qui, outre les flammes rouges non renversées, portent leur propre tableau environné de figures de diables, sont destinés à la mort.

Ceux qui ont promis de renoncer au judaïsme et qui ont fidèlement révélé tous les complices sont, ou *pénitens* ou *réconciliés* dans le premier Auto-da-fé, relaps dans le second, brûlés dans le troisième.

L'arrêt de mort n'est pas prononcé par les inquisiteurs, parce qu'ils sont ecclésiastiques, et que l'église abhorre le sang, ils disent seulement, dans leur acte, que tels et tels seront livrés au bras séculier; cet acte est remis à sept juges séculiers qui assistent à l'Auto-da-fé, mais qui sont obligés de prononcer la mort en ces mots: *Qu'ils soient brûlés.* L'exécution doit suivre immédiatement la condamnation. Voilà pourquoi les Auto-da-fé sont divisés par première, seconde journée, etc.; la première est toujours réservée pour le spectacle du bûcher.

De l'Imprimerie de MAGIMEL, rue Christine, n° 2.

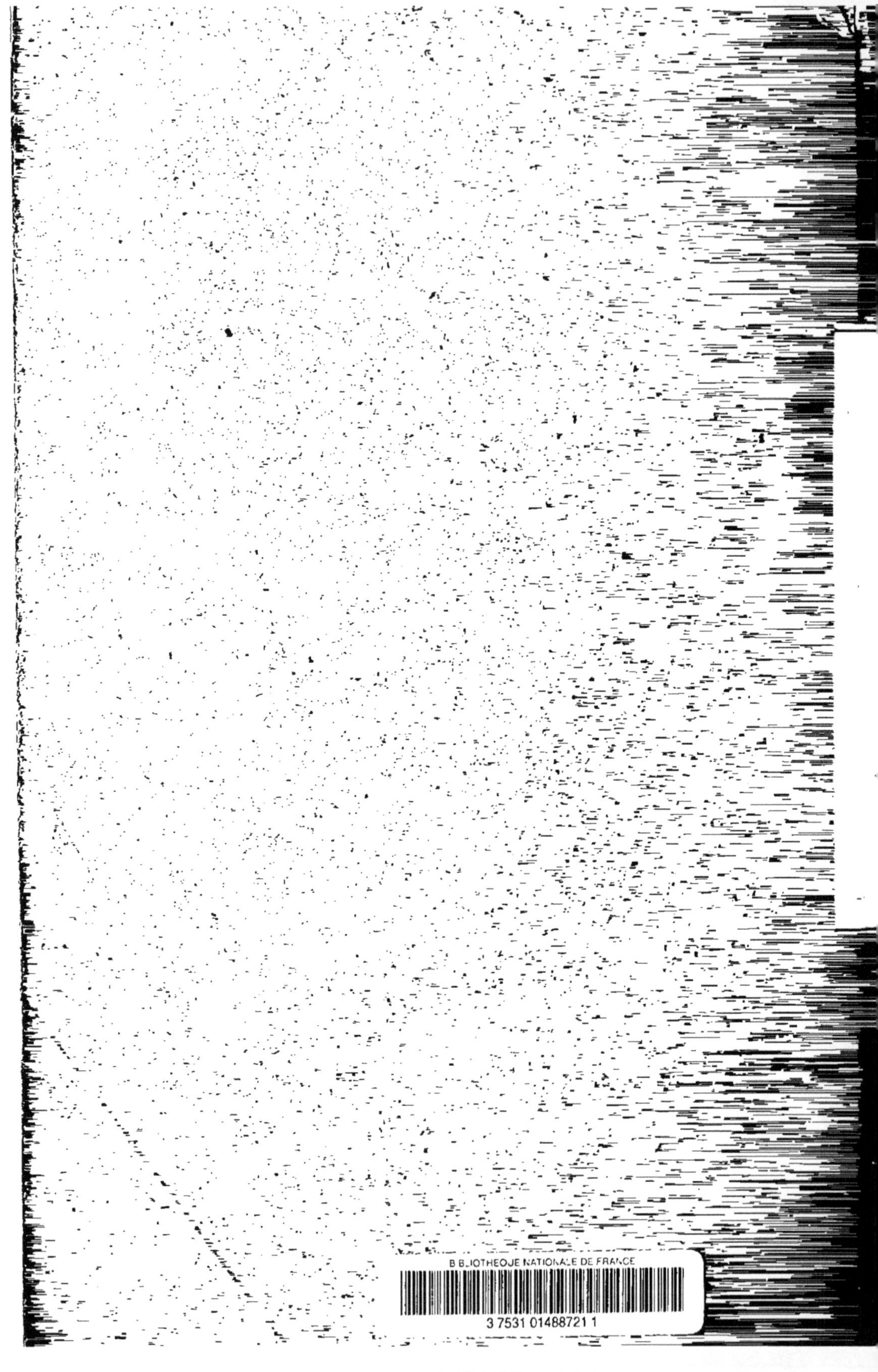

www.ingramcontent.com/pod-product-compliance
Ingram Content Group UK Ltd.
Pitfield, Milton Keynes, MK11 3LW, UK
UKHW021938200726
13855UKWH00007B/1444